> **❝**
> Fill your life with adventures, not things. Have stories to tell, not stuff to show
>
> - UNKNOWN

Weltkarte

Weltkarte

Bucket List Reiseziele

Bucket List Reiseziele

Reise Checklist

Reise Checklist

Notizen

Notizen

Notizen

Notizen

Hier war ich schon

Nr.	Ort	Datum

Hier war ich schon

Nr.	Ort	Datum

DATUM: _____ / _____ / _____

URLAUBSORT: _____

SO GEFÄLLT MIR DIESER ORT

(1)---(2)---(3)---(4)---(5)---(6)---(7)---(8)---(9)---(10)

MEIN KULINARISCHER TIPP: _____

_____
_____
_____
_____

MEIN PERSÖNLICHES HIGHLIGHT: _____

_____
_____
_____
_____

NOTIZEN

_____
_____
_____
_____
_____
_____
_____
_____
_____
_____
_____

Meine schönsten Erinnerungen

DATUM: ____ / ____ / ____

URLAUBSORT: _____

SO GEFÄLLT MIR DIESER ORT

(1)----(2)----(3)----(4)----(5)----(6)----(7)----(8)----(9)----(10)

MEIN KULINARISCHER TIPP: _____

_____
_____
_____
_____

MEIN PERSÖNLICHES HIGHLIGHT: _____

_____
_____
_____
_____

NOTIZEN

_____
_____
_____
_____
_____
_____
_____
_____
_____
_____

Meine schönsten Erinnerungen

DATUM: _____ / _____ / _____

URLAUBSORT: _____

SO GEFÄLLT MIR DIESER ORT

(1)---(2)---(3)---(4)---(5)---(6)---(7)---(8)---(9)---(10)

MEIN KULINARISCHER TIPP: _____

MEIN PERSÖNLICHES HIGHLIGHT: _____

NOTIZEN

Meine schönsten Erinnerungen

DATUM: _____ / _____ / _____

URLAUBSORT: _____

SO GEFÄLLT MIR DIESER ORT

(1)---(2)---(3)---(4)---(5)---(6)---(7)---(8)---(9)---(10)

MEIN KULINARISCHER TIPP: _____

_____
_____
_____
_____

MEIN PERSÖNLICHES HIGHLIGHT: _____

_____
_____
_____
_____

NOTIZEN

_____
_____
_____
_____
_____
_____
_____
_____
_____
_____

Meine schönsten Erinnerungen

DATUM: _____ / _____ / _____

URLAUBSORT: _____

SO GEFÄLLT MIR DIESER ORT

(1)--(2)--(3)--(4)--(5)--(6)--(7)--(8)--(9)--(10)

MEIN KULINARISCHER TIPP: _____

_____
_____
_____
_____

MEIN PERSÖNLICHES HIGHLIGHT: _____

_____
_____
_____

NOTIZEN

Meine schönsten Erinnerungen

DATUM: _____ / _____ / _____

URLAUBSORT: _____

SO GEFÄLLT MIR DIESER ORT

(1)--(2)--(3)--(4)--(5)--(6)--(7)--(8)--(9)--(10)

MEIN KULINARISCHER TIPP: _____

_____
_____
_____
_____

MEIN PERSÖNLICHES HIGHLIGHT: _____

_____
_____
_____
_____

NOTIZEN

_____
_____
_____
_____
_____
_____
_____
_____
_____
_____

Meine schönsten Erinnerungen

DATUM: ___ / ___ / ___

URLAUBSORT: _____

SO GEFÄLLT MIR DIESER ORT

① --- ② --- ③ --- ④ --- ⑤ --- ⑥ --- ⑦ --- ⑧ --- ⑨ --- ⑩

MEIN KULINARISCHER TIPP: _____

_____

_____

_____

_____

MEIN PERSÖNLICHES HIGHLIGHT: _____

_____

_____

_____

NOTIZEN

Meine schönsten Erinnerungen

DATUM: ____ / ____ / ____

URLAUBSORT: _____

SO GEFÄLLT MIR DIESER ORT

(1)--(2)--(3)--(4)--(5)--(6)--(7)--(8)--(9)--(10)

MEIN KULINARISCHER TIPP: _____

MEIN PERSÖNLICHES HIGHLIGHT: _____

NOTIZEN

Meine schönsten Erinnerungen

DATUM: _____ / _____ / _____

URLAUBSORT: _____

SO GEFÄLLT MIR DIESER ORT

(1)---(2)---(3)---(4)---(5)---(6)---(7)---(8)---(9)---(10)

MEIN KULINARISCHER TIPP: _____

MEIN PERSÖNLICHES HIGHLIGHT: _____

NOTIZEN

Meine schönsten Erinnerungen

DATUM: ____ / ____ / ____

URLAUBSORT: _____

SO GEFÄLLT MIR DIESER ORT

(1)---(2)---(3)---(4)---(5)---(6)---(7)---(8)---(9)---(10)

MEIN KULINARISCHER TIPP: _____

MEIN PERSÖNLICHES HIGHLIGHT: _____

NOTIZEN

Meine schönsten Erinnerungen

DATUM: _____ / _____ / _____

URLAUBSORT: _____

SO GEFÄLLT MIR DIESER ORT

(1)----(2)----(3)----(4)----(5)----(6)----(7)----(8)----(9)----(10)

MEIN KULINARISCHER TIPP: _____
_____
_____
_____
_____

MEIN PERSÖNLICHES HIGHLIGHT: _____
_____
_____
_____

NOTIZEN

Meine schönsten Erinnerungen

DATUM: ____ / ____ / ____

URLAUBSORT: _____

SO GEFÄLLT MIR DIESER ORT

(1)--(2)--(3)--(4)--(5)--(6)--(7)--(8)--(9)--(10)

MEIN KULINARISCHER TIPP: _____

_____

_____

_____

_____

MEIN PERSÖNLICHES HIGHLIGHT: _____

_____

_____

_____

_____

NOTIZEN

Meine schönsten Erinnerungen

DATUM: _____ / _____ / _____

URLAUBSORT: _____

SO GEFÄLLT MIR DIESER ORT

(1)----(2)----(3)----(4)----(5)----(6)----(7)----(8)----(9)----(10)

MEIN KULINARISCHER TIPP: _____

_____
_____
_____
_____

MEIN PERSÖNLICHES HIGHLIGHT: _____

_____
_____
_____
_____

NOTIZEN

_____
_____
_____
_____
_____
_____
_____
_____
_____
_____

Meine schönsten Erinnerungen

DATUM: _____ / _____ / _____

URLAUBSORT: _____

SO GEFÄLLT MIR DIESER ORT

(1)--(2)--(3)--(4)--(5)--(6)--(7)--(8)--(9)--(10)

MEIN KULINARISCHER TIPP: _____

MEIN PERSÖNLICHES HIGHLIGHT: _____

NOTIZEN

Meine schönsten Erinnerungen

DATUM: ____ / ____ / _____

URLAUBSORT: _____

SO GEFÄLLT MIR DIESER ORT

(1)---(2)---(3)---(4)---(5)---(6)---(7)---(8)---(9)---(10)

MEIN KULINARISCHER TIPP: _____
_____
_____
_____
_____

MEIN PERSÖNLICHES HIGHLIGHT: _____
_____
_____
_____
_____

NOTIZEN

Meine schönsten Erinnerungen

DATUM: ___ / ___ / _____

URLAUBSORT: _____

SO GEFÄLLT MIR DIESER ORT

(1)---(2)---(3)---(4)---(5)---(6)---(7)---(8)---(9)---(10)

MEIN KULINARISCHER TIPP: _____
_____
_____
_____
_____

MEIN PERSÖNLICHES HIGHLIGHT: _____
_____
_____
_____
_____

NOTIZEN

_____
_____
_____
_____
_____
_____
_____
_____
_____
_____

Meine schönsten Erinnerungen

DATUM: _____ / _____ / _____

URLAUBSORT: _____

SO GEFÄLLT MIR DIESER ORT

(1)---(2)---(3)---(4)---(5)---(6)---(7)---(8)---(9)---(10)

MEIN KULINARISCHER TIPP: _____
_____
_____
_____
_____

MEIN PERSÖNLICHES HIGHLIGHT: _____
_____
_____
_____

NOTIZEN

_____
_____
_____
_____
_____
_____
_____
_____
_____
_____

Meine schönsten Erinnerungen

DATUM: ____ / ____ / ____

URLAUBSORT: _____

SO GEFÄLLT MIR DIESER ORT

(1)---(2)---(3)---(4)---(5)---(6)---(7)---(8)---(9)---(10)

MEIN KULINARISCHER TIPP: _____

_____
_____
_____
_____

MEIN PERSÖNLICHES HIGHLIGHT: _____

_____
_____
_____
_____

NOTIZEN

Meine schönsten Erinnerungen

DATUM: _____ / _____ / _____

URLAUBSORT: _____

SO GEFÄLLT MIR DIESER ORT

(1)--(2)--(3)--(4)--(5)--(6)--(7)--(8)--(9)--(10)

MEIN KULINARISCHER TIPP: _____
_____
_____
_____
_____

MEIN PERSÖNLICHES HIGHLIGHT: _____
_____
_____
_____

NOTIZEN

_____
_____
_____
_____
_____
_____
_____
_____
_____

Meine schönsten Erinnerungen

DATUM: ____ / ____ / ____

URLAUBSORT: _____

SO GEFÄLLT MIR DIESER ORT

(1)—(2)—(3)—(4)—(5)—(6)—(7)—(8)—(9)—(10)

MEIN KULINARISCHER TIPP: _____
_____
_____
_____
_____

MEIN PERSÖNLICHES HIGHLIGHT: _____
_____
_____
_____

NOTIZEN

_____
_____
_____
_____
_____
_____
_____
_____
_____
_____

Meine schönsten Erinnerungen

DATUM: _____ / _____ / _____

URLAUBSORT: _____

SO GEFÄLLT MIR DIESER ORT

(1)--(2)--(3)--(4)--(5)--(6)--(7)--(8)--(9)--(10)

MEIN KULINARISCHER TIPP: _____

_____
_____
_____
_____

MEIN PERSÖNLICHES HIGHLIGHT: _____

_____
_____
_____
_____

NOTIZEN

Meine schönsten Erinnerungen

DATUM: _____ / _____ / _____

URLAUBSORT: _____

SO GEFÄLLT MIR DIESER ORT

(1)—(2)—(3)—(4)—(5)—(6)—(7)—(8)—(9)—(10)

MEIN KULINARISCHER TIPP: _____
_____
_____
_____
_____

MEIN PERSÖNLICHES HIGHLIGHT: _____
_____
_____
_____
_____

NOTIZEN

_____
_____
_____
_____
_____
_____
_____
_____
_____
_____
_____

Meine schönsten Erinnerungen

DATUM: ___ / ___ / ___

URLAUBSORT: _____

SO GEFÄLLT MIR DIESER ORT

(1)---(2)---(3)---(4)---(5)---(6)---(7)---(8)---(9)---(10)

MEIN KULINARISCHER TIPP: _____

_____
_____
_____
_____

MEIN PERSÖNLICHES HIGHLIGHT: _____

_____
_____
_____
_____

NOTIZEN

Meine schönsten Erinnerungen

DATUM: ____ / ____ / ____

URLAUBSORT: _____

SO GEFÄLLT MIR DIESER ORT

(1)---(2)---(3)---(4)---(5)---(6)---(7)---(8)---(9)---(10)

MEIN KULINARISCHER TIPP: _____
_____
_____
_____
_____

MEIN PERSÖNLICHES HIGHLIGHT: _____
_____
_____
_____
_____

NOTIZEN

Meine schönsten Erinnerungen

DATUM: _____ / _____ / _____

URLAUBSORT: _____

SO GEFÄLLT MIR DIESER ORT

(1)---(2)---(3)---(4)---(5)---(6)---(7)---(8)---(9)---(10)

MEIN KULINARISCHER TIPP: _____
_____
_____
_____
_____

MEIN PERSÖNLICHES HIGHLIGHT: _____
_____
_____
_____

NOTIZEN

Meine schönsten Erinnerungen

DATUM: ____ / ____ / _____

URLAUBSORT: _____

SO GEFÄLLT MIR DIESER ORT

(1)---(2)---(3)---(4)---(5)---(6)---(7)---(8)---(9)---(10)

MEIN KULINARISCHER TIPP: _____

MEIN PERSÖNLICHES HIGHLIGHT: _____

NOTIZEN

Meine schönsten Erinnerungen

DATUM: ____ / ____ / ____

URLAUBSORT: _____

SO GEFÄLLT MIR DIESER ORT

(1)---(2)---(3)---(4)---(5)---(6)---(7)---(8)---(9)---(10)

MEIN KULINARISCHER TIPP: _____

_____
_____
_____
_____

MEIN PERSÖNLICHES HIGHLIGHT: _____

_____
_____
_____
_____

NOTIZEN

_____
_____
_____
_____
_____
_____
_____
_____
_____
_____

Meine schönsten Erinnerungen

DATUM: ____/____/____

URLAUBSORT: _____

SO GEFÄLLT MIR DIESER ORT

(1)---(2)---(3)---(4)---(5)---(6)---(7)---(8)---(9)---(10)

MEIN KULINARISCHER TIPP: _____

_____
_____
_____
_____

MEIN PERSÖNLICHES HIGHLIGHT: _____

_____
_____
_____
_____

NOTIZEN

_____
_____
_____
_____
_____
_____
_____
_____
_____
_____

Meine schönsten Erinnerungen

DATUM: ___ / ___ / ___

URLAUBSORT: _____

SO GEFÄLLT MIR DIESER ORT

(1)---(2)---(3)---(4)---(5)---(6)---(7)---(8)---(9)---(10)

MEIN KULINARISCHER TIPP: _____

_____
_____
_____
_____

MEIN PERSÖNLICHES HIGHLIGHT: _____

_____
_____
_____
_____

NOTIZEN

_____
_____
_____
_____
_____
_____
_____
_____
_____
_____

Meine schönsten Erinnerungen

DATUM: ____ / ____ / ____

URLAUBSORT: _____

SO GEFÄLLT MIR DIESER ORT

(1)---(2)---(3)---(4)---(5)---(6)---(7)---(8)---(9)---(10)

MEIN KULINARISCHER TIPP: _____

_____
_____
_____
_____

MEIN PERSÖNLICHES HIGHLIGHT: _____

_____
_____
_____
_____

NOTIZEN

_____
_____
_____
_____
_____
_____
_____
_____
_____
_____

Meine schönsten Erinnerungen

DATUM: ____ / ____ / ____

URLAUBSORT: _____

SO GEFÄLLT MIR DIESER ORT

(1)--(2)--(3)--(4)--(5)--(6)--(7)--(8)--(9)--(10)

MEIN KULINARISCHER TIPP: _____

MEIN PERSÖNLICHES HIGHLIGHT: _____

NOTIZEN

Meine schönsten Erinnerungen

DATUM: ____ / ____ / ____

URLAUBSORT: _____

SO GEFÄLLT MIR DIESER ORT

(1)---(2)---(3)---(4)---(5)---(6)---(7)---(8)---(9)---(10)

MEIN KULINARISCHER TIPP: _____

_____
_____
_____

MEIN PERSÖNLICHES HIGHLIGHT: _____

_____
_____
_____

NOTIZEN

_____
_____
_____
_____
_____
_____
_____
_____
_____
_____

Meine schönsten Erinnerungen

DATUM: _____ / _____ / _____

URLAUBSORT: _____

SO GEFÄLLT MIR DIESER ORT

(1)---(2)---(3)---(4)---(5)---(6)---(7)---(8)---(9)---(10)

MEIN KULINARISCHER TIPP: _____
_____
_____
_____
_____

MEIN PERSÖNLICHES HIGHLIGHT: _____
_____
_____
_____
_____

NOTIZEN

_____
_____
_____
_____
_____
_____
_____
_____
_____
_____

Meine schönsten Erinnerungen

DATUM: ____ / ____ / ____

URLAUBSORT: _____

SO GEFÄLLT MIR DIESER ORT

(1)–(2)–(3)–(4)–(5)–(6)–(7)–(8)–(9)–(10)

MEIN KULINARISCHER TIPP: _____

_____
_____
_____
_____

MEIN PERSÖNLICHES HIGHLIGHT: _____

_____
_____
_____

NOTIZEN

Meine schönsten Erinnerungen

DATUM: ____ / ____ / ____

URLAUBSORT: _____

SO GEFÄLLT MIR DIESER ORT

(1)---(2)---(3)---(4)---(5)---(6)---(7)---(8)---(9)---(10)

MEIN KULINARISCHER TIPP: _____

_____
_____
_____
_____

MEIN PERSÖNLICHES HIGHLIGHT: _____

_____
_____
_____
_____

NOTIZEN

_____
_____
_____
_____
_____
_____
_____
_____
_____
_____

Meine schönsten Erinnerungen

DATUM: ____ / ____ / ____

URLAUBSORT: _____

SO GEFÄLLT MIR DIESER ORT

(1)--(2)--(3)--(4)--(5)--(6)--(7)--(8)--(9)--(10)

MEIN KULINARISCHER TIPP: _____

_____
_____
_____
_____

MEIN PERSÖNLICHES HIGHLIGHT: _____

_____
_____
_____
_____

NOTIZEN

Meine schönsten Erinnerungen

DATUM: ___ / ___ / ___

URLAUBSORT: _____

SO GEFÄLLT MIR DIESER ORT

(1)---(2)---(3)---(4)---(5)---(6)---(7)---(8)---(9)---(10)

MEIN KULINARISCHER TIPP: _____

_____

_____

_____

MEIN PERSÖNLICHES HIGHLIGHT: _____

_____

_____

_____

NOTIZEN

Meine schönsten Erinnerungen

DATUM: ___ / ___ / _____

URLAUBSORT: _____

SO GEFÄLLT MIR DIESER ORT

(1)----(2)----(3)----(4)----(5)----(6)----(7)----(8)----(9)----(10)

MEIN KULINARISCHER TIPP: _____
_____
_____
_____
_____

MEIN PERSÖNLICHES HIGHLIGHT: _____
_____
_____
_____

NOTIZEN

Meine schönsten Erinnerungen

DATUM: ___ / ___ / ___

URLAUBSORT: _____

SO GEFÄLLT MIR DIESER ORT

(1)---(2)---(3)---(4)---(5)---(6)---(7)---(8)---(9)---(10)

MEIN KULINARISCHER TIPP: _____

_____
_____
_____
_____

MEIN PERSÖNLICHES HIGHLIGHT: _____

_____
_____
_____
_____

NOTIZEN

Meine schönsten Erinnerungen

DATUM: ____ / ____ / ____

URLAUBSORT: _____

SO GEFÄLLT MIR DIESER ORT

(1)---(2)---(3)---(4)---(5)---(6)---(7)---(8)---(9)---(10)

MEIN KULINARISCHER TIPP: _____

_____
_____
_____
_____

MEIN PERSÖNLICHES HIGHLIGHT: _____

_____
_____
_____
_____

NOTIZEN

_____
_____
_____
_____
_____
_____
_____
_____
_____
_____

Meine schönsten Erinnerungen

DATUM: ___ / ___ / ___

URLAUBSORT: _____

SO GEFÄLLT MIR DIESER ORT

(1)---(2)---(3)---(4)---(5)---(6)---(7)---(8)---(9)---(10)

MEIN KULINARISCHER TIPP: _____

MEIN PERSÖNLICHES HIGHLIGHT: _____

NOTIZEN

Meine schönsten Erinnerungen

DATUM: ___/___/___

URLAUBSORT: _____

SO GEFÄLLT MIR DIESER ORT

(1)--(2)--(3)--(4)--(5)--(6)--(7)--(8)--(9)--(10)

MEIN KULINARISCHER TIPP: _____

_____
_____
_____
_____

MEIN PERSÖNLICHES HIGHLIGHT: _____

_____
_____
_____
_____

NOTIZEN

_____
_____
_____
_____
_____
_____
_____
_____
_____
_____

Meine schönsten Erinnerungen

DATUM: ___ / ___ / ___

URLAUBSORT: _____

SO GEFÄLLT MIR DIESER ORT

(1)----(2)----(3)----(4)----(5)----(6)----(7)----(8)----(9)----(10)

MEIN KULINARISCHER TIPP: _____

_____
_____
_____
_____

MEIN PERSÖNLICHES HIGHLIGHT: _____

_____
_____
_____
_____

NOTIZEN

_____
_____
_____
_____
_____
_____
_____
_____
_____

Meine schönsten Erinnerungen

DATUM: ____ / ____ / ____

URLAUBSORT: _____

SO GEFÄLLT MIR DIESER ORT

(1)---(2)---(3)---(4)---(5)---(6)---(7)---(8)---(9)---(10)

MEIN KULINARISCHER TIPP: _____

_____
_____
_____
_____

MEIN PERSÖNLICHES HIGHLIGHT: _____

_____
_____
_____
_____

NOTIZEN

_____
_____
_____
_____
_____
_____
_____
_____
_____

Meine schönsten Erinnerungen

DATUM: _____ / _____ / _____

URLAUBSORT: _____

SO GEFÄLLT MIR DIESER ORT

(1)---(2)---(3)---(4)---(5)---(6)---(7)---(8)---(9)---(10)

MEIN KULINARISCHER TIPP: _____

_____
_____
_____
_____

MEIN PERSÖNLICHES HIGHLIGHT: _____

_____
_____
_____

NOTIZEN

_____
_____
_____
_____
_____
_____
_____
_____
_____
_____

Meine schönsten Erinnerungen

Gedruckt, vertrieben und verkauft via Amazon.com Inc. oder einer Tochtergesellschaft

©2022 Mats Müller, Krokusweg 8, 26316 Varel
Cover Canva

Impressum: Mats Müller | Krokusweg 8 | 26316 Varel

Printed in Poland
by Amazon Fulfillment
Poland Sp. z o.o., Wrocław
06 January 2024

105a13bb-5e13-4750-8ee4-6a4705cfef1dR01